THIS JOURNAL BELONGS TO

____

____

____

Made in the USA
Coppell, TX
11 August 2022

81283571R00069